Livre de Coloriage
LAPIN PET

Young Scholar

Young Scholar
An imprint of Ciparum LLC

Livre de Coloriage Lapin Pet
© 2017 Ciparum LLC
All rights reserved.
ISBN-10:1-63589-371-2
ISBN-13:978-1-63589-371-7

www.youngscholar.co

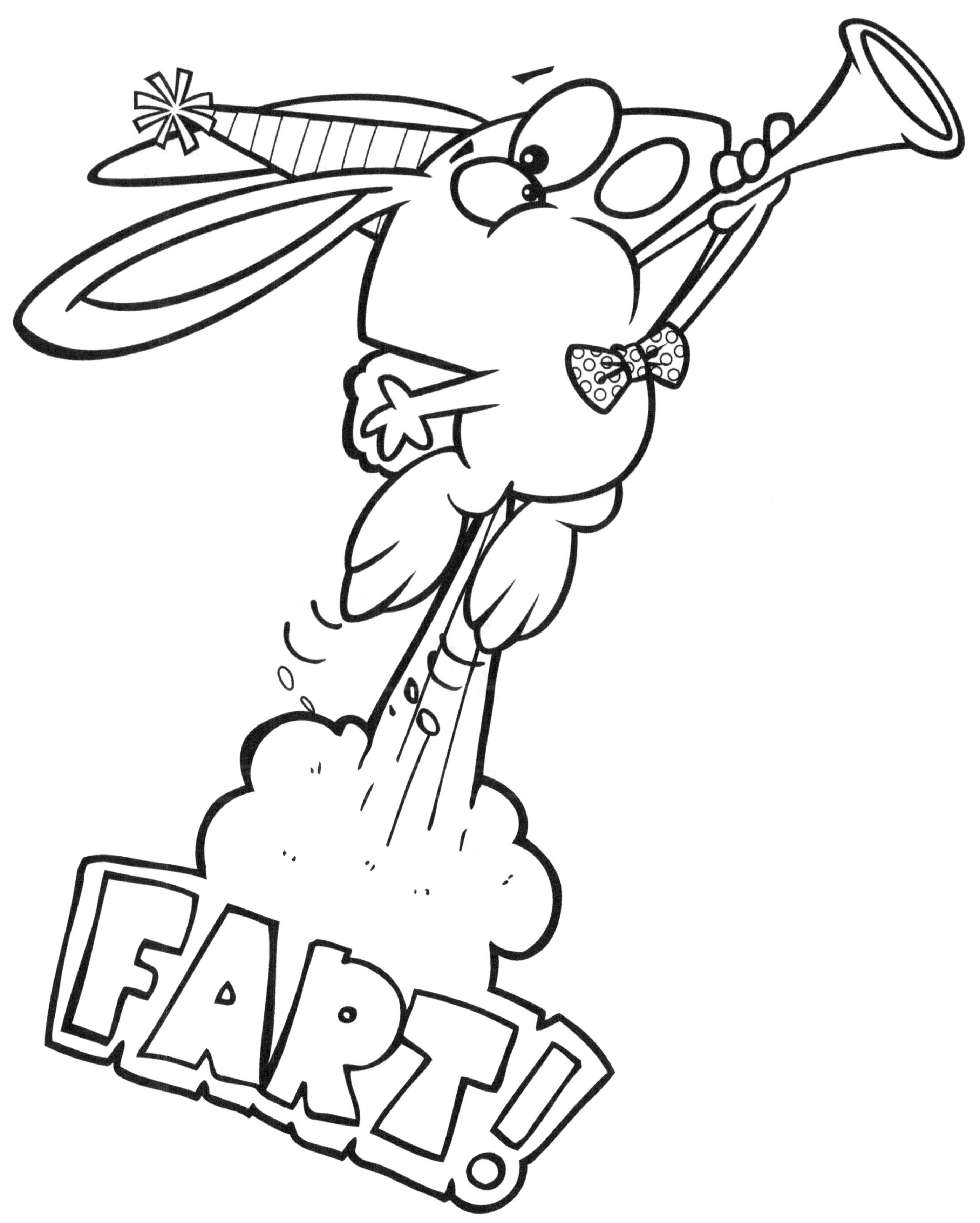

FART!

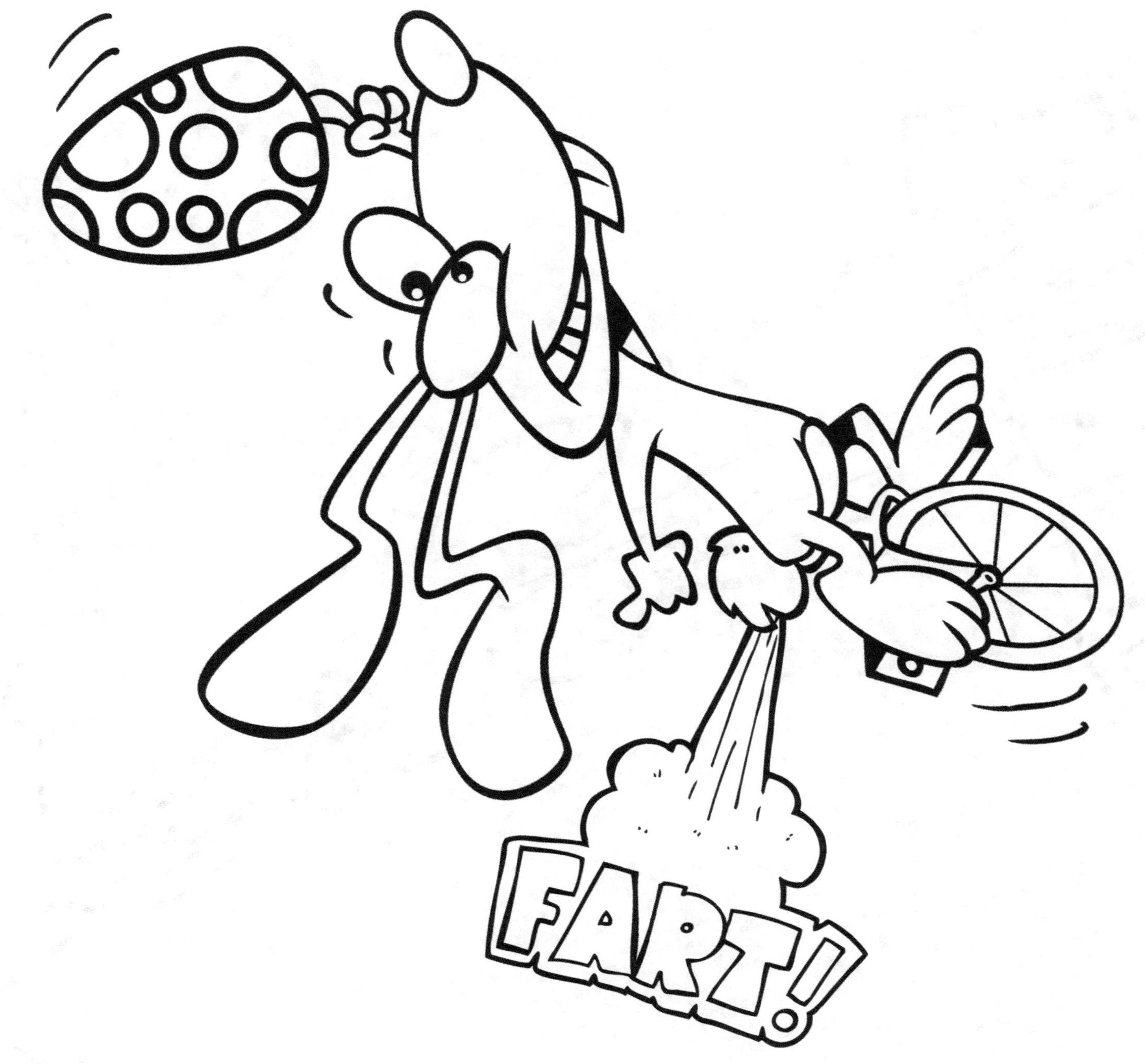
FART!

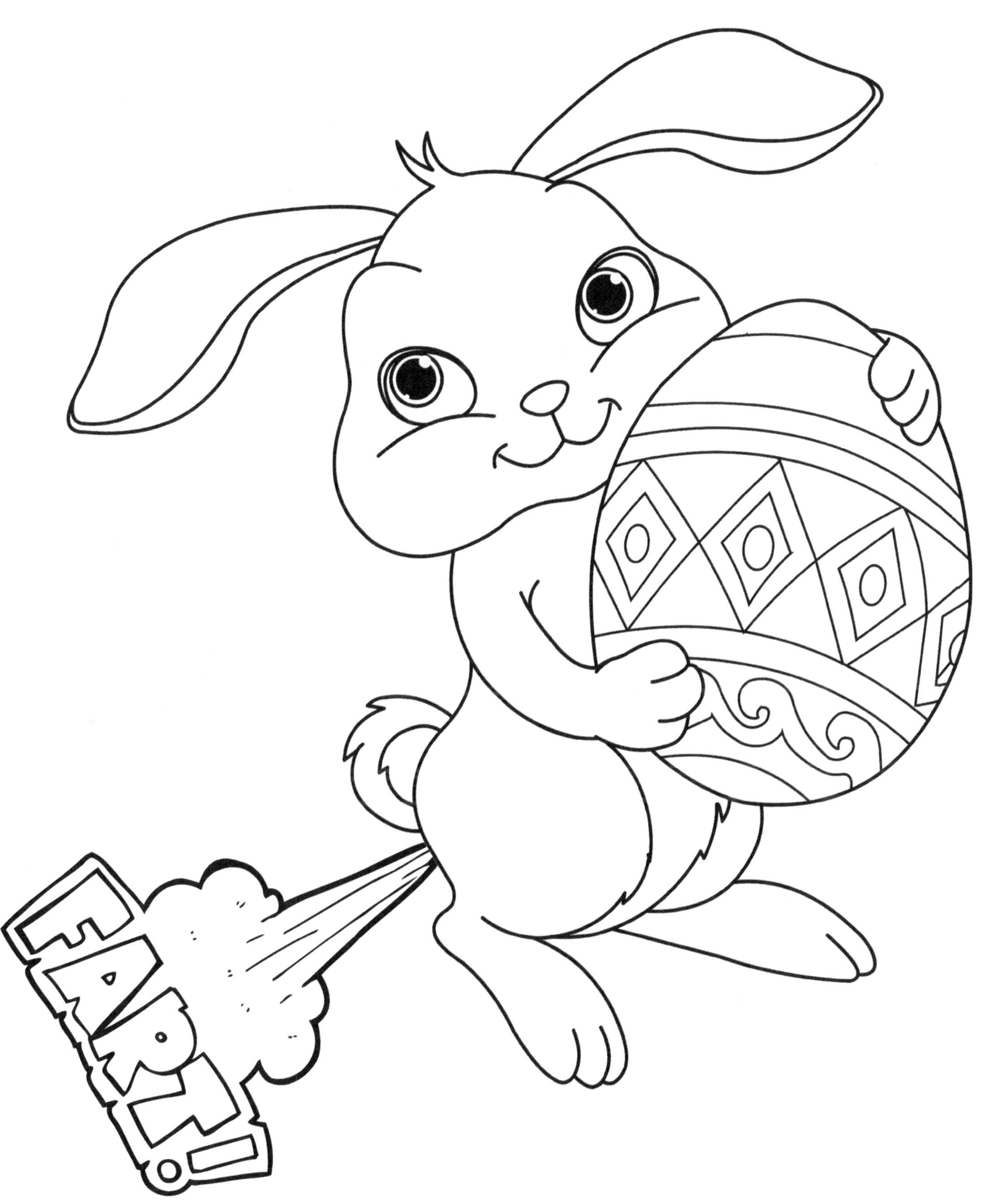

FART!

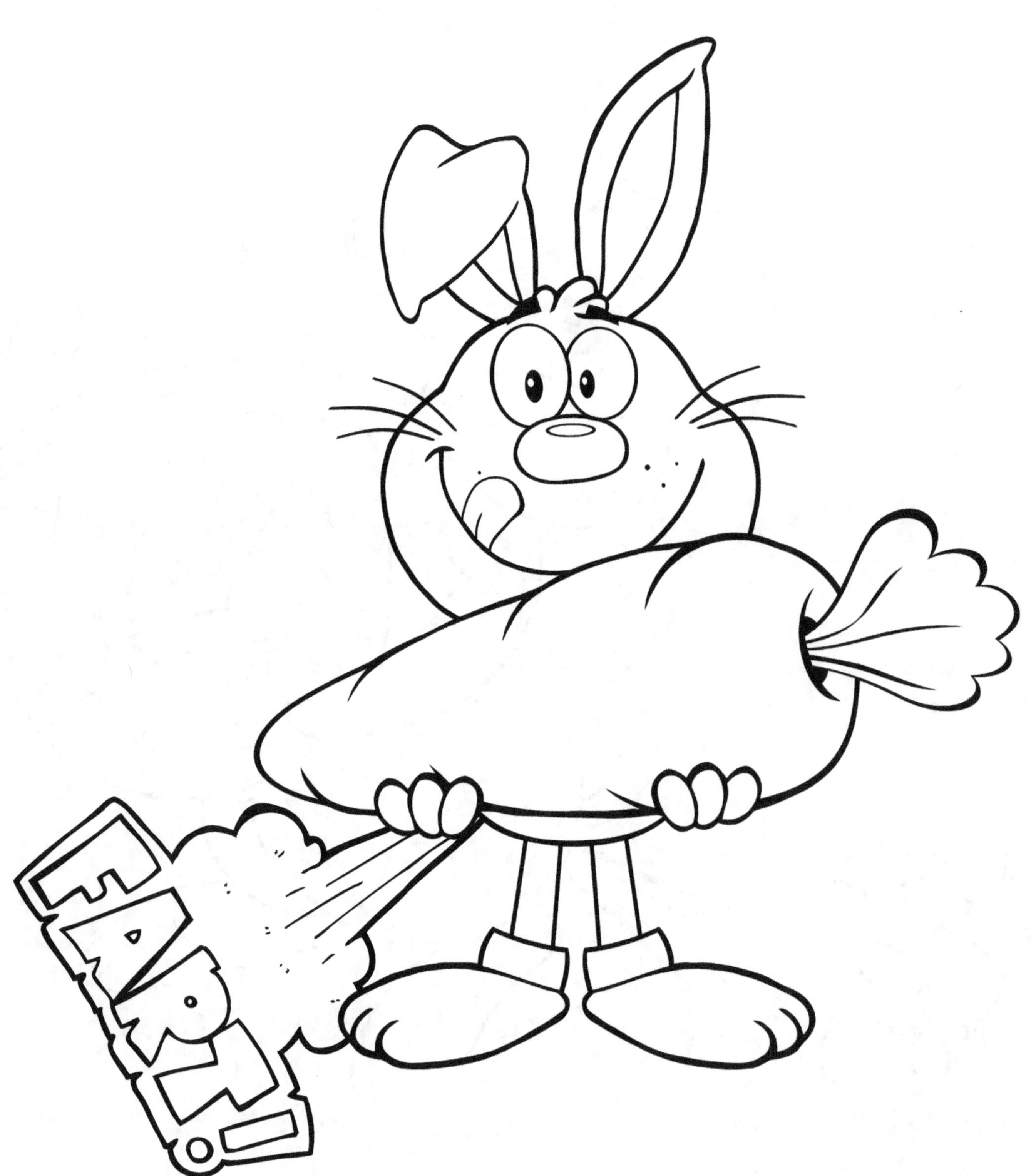
FART!

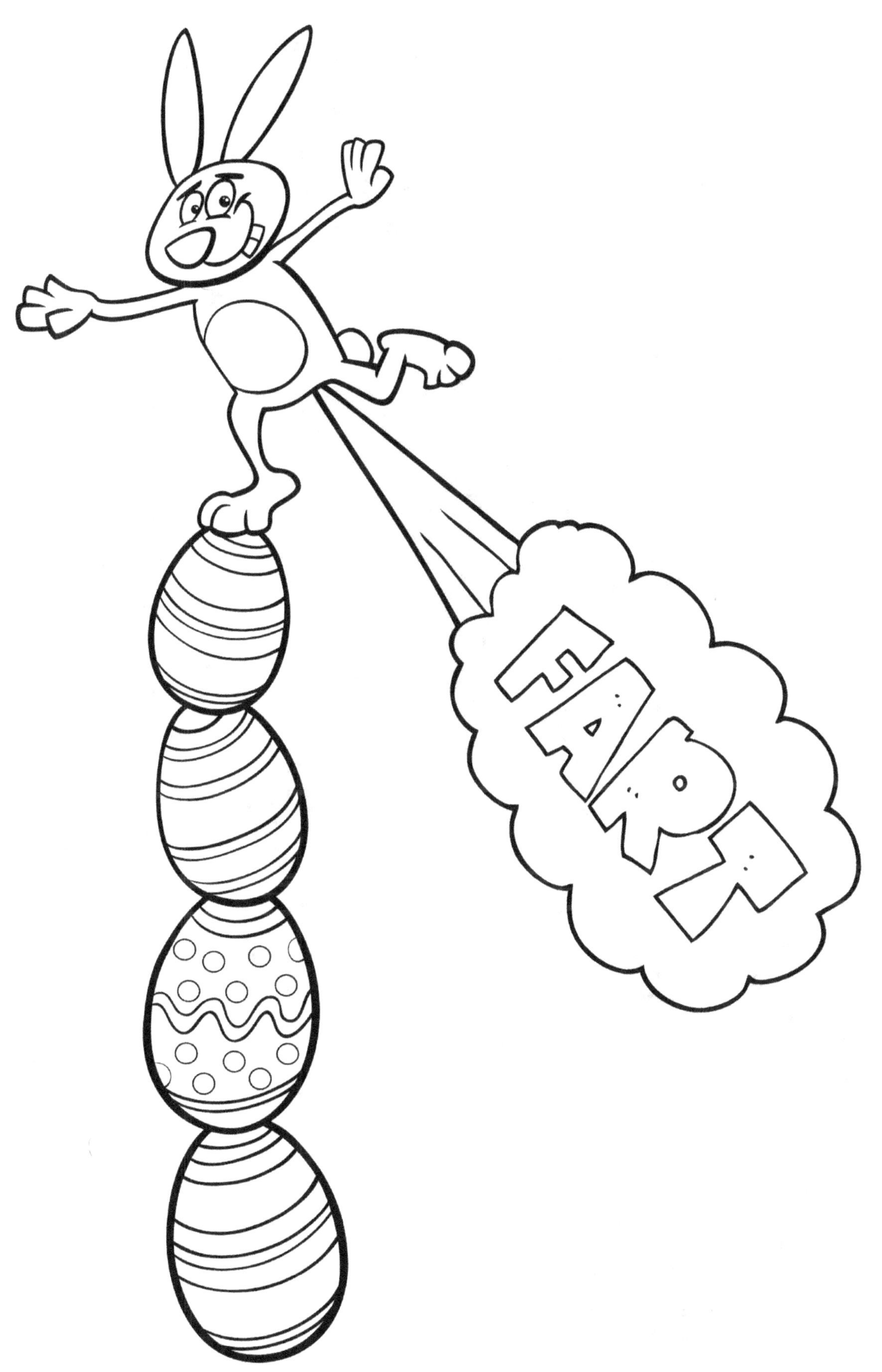
FARR

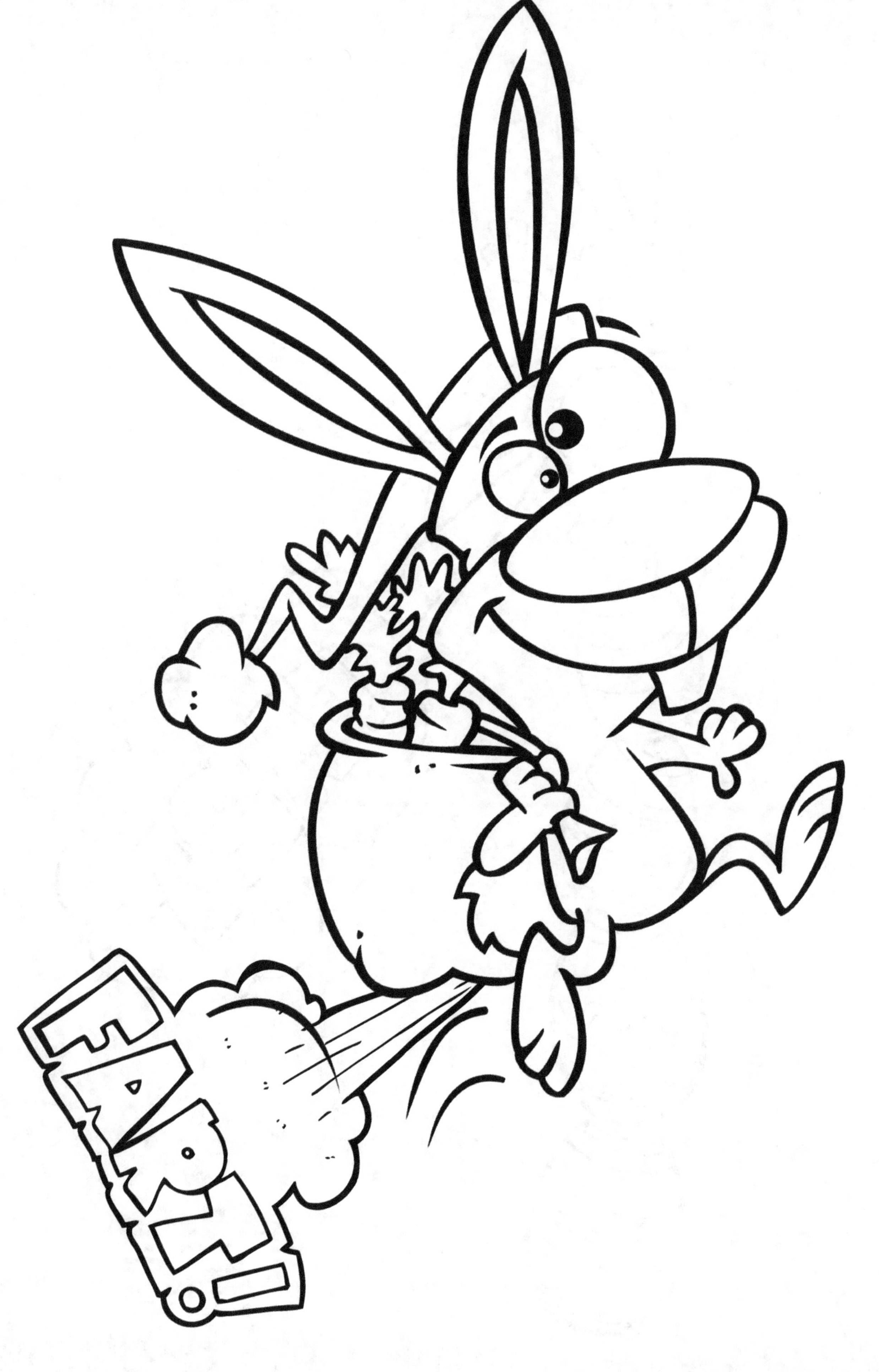

FART!

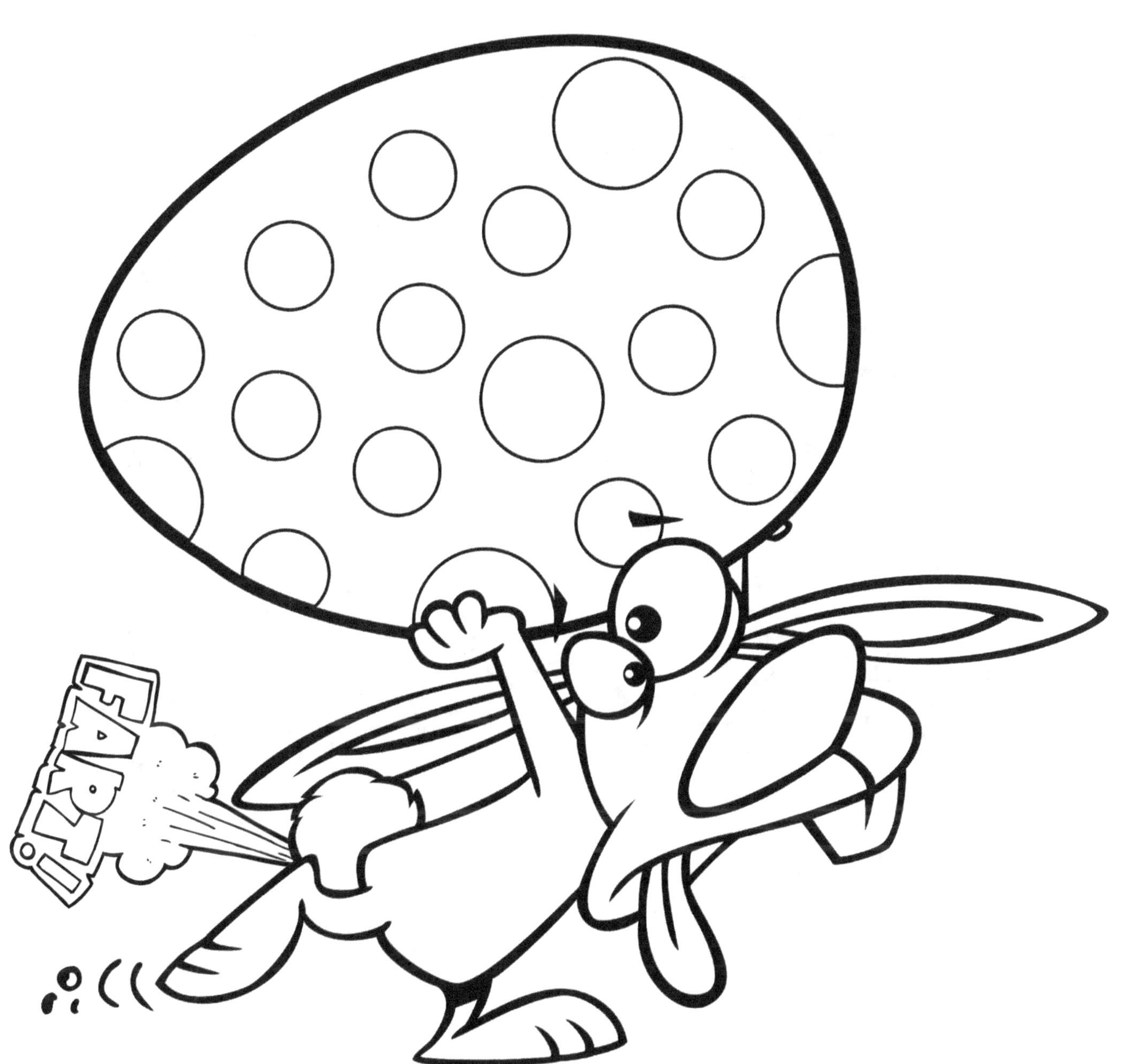

FART!!

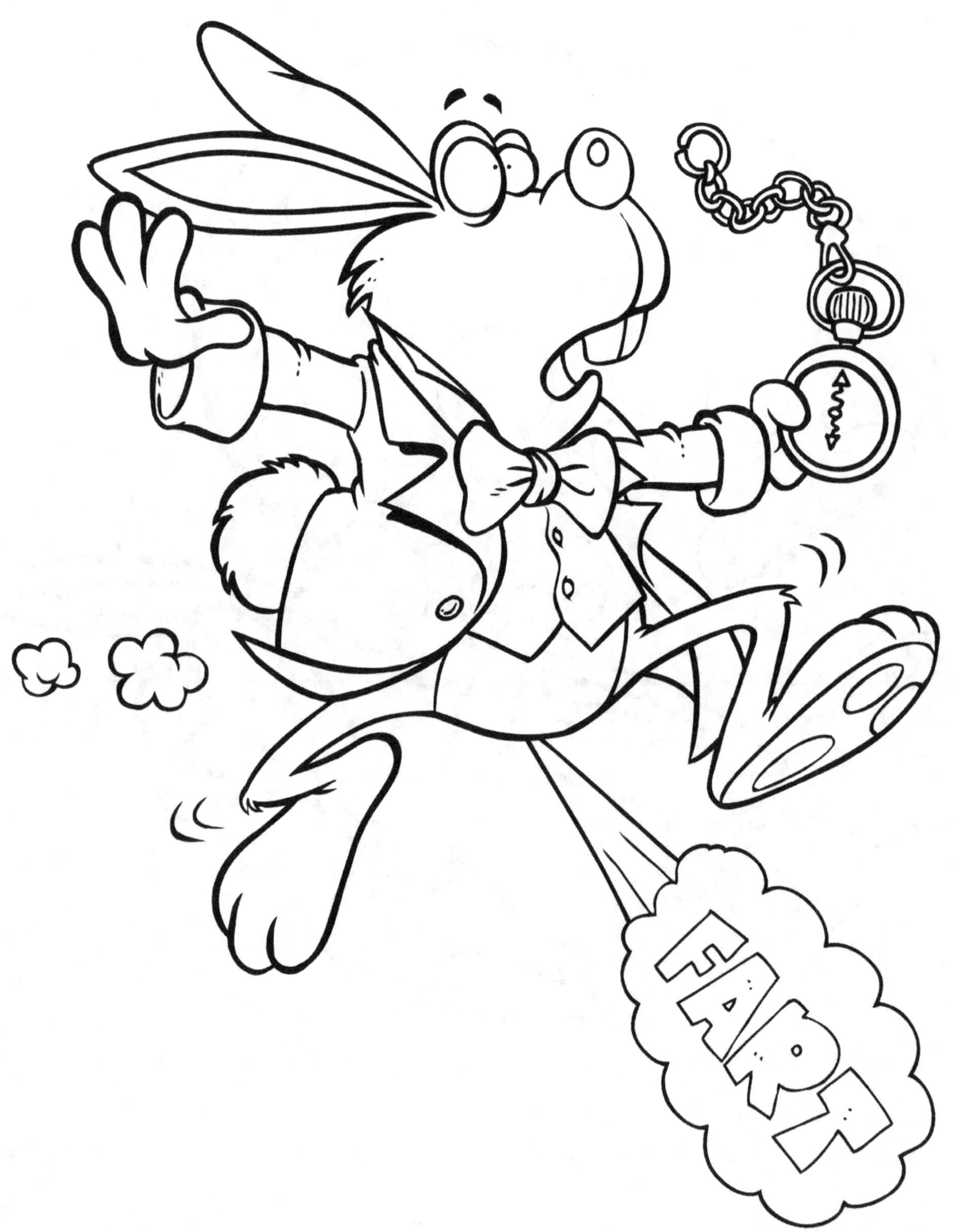
FARR

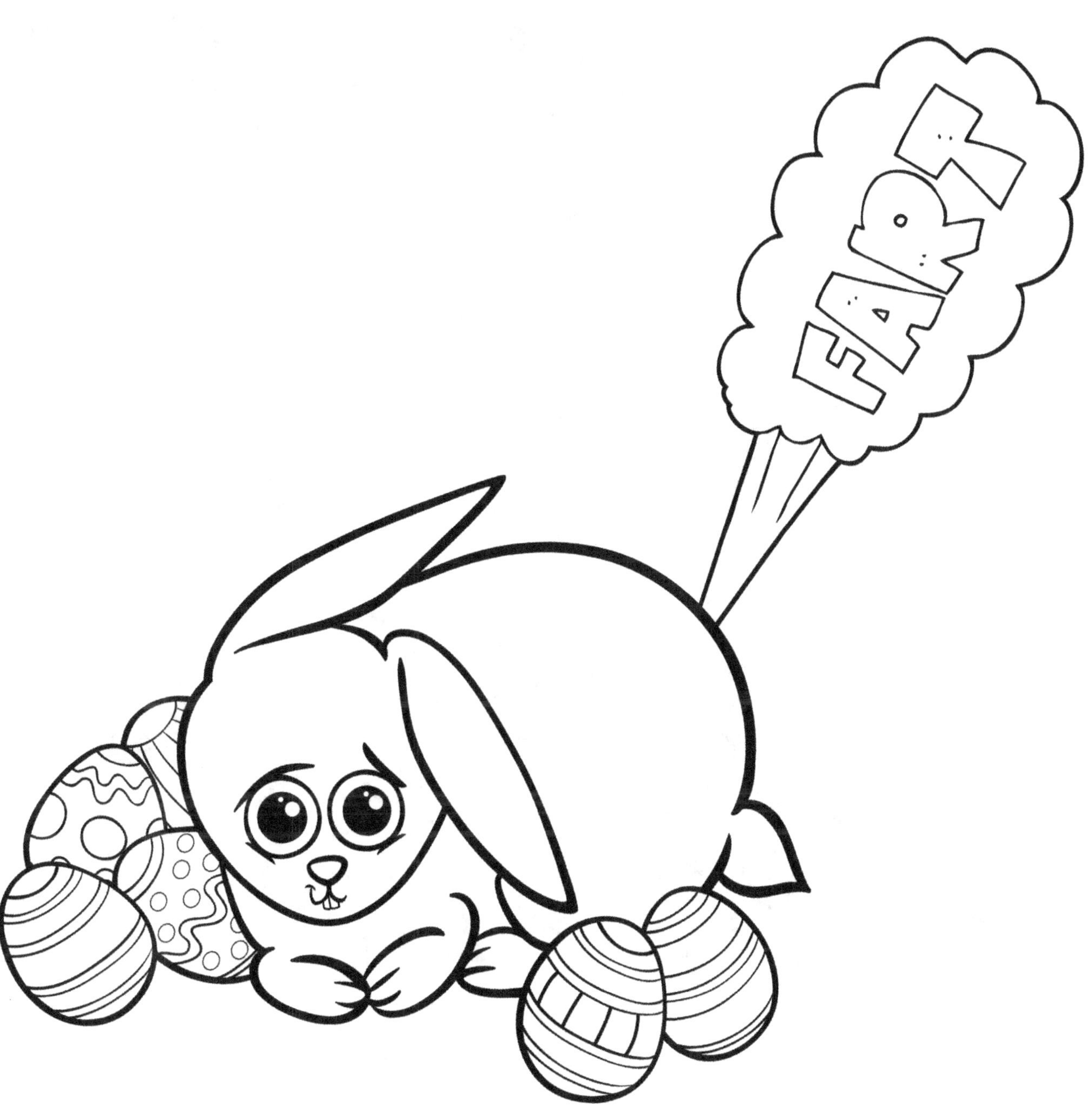
FART

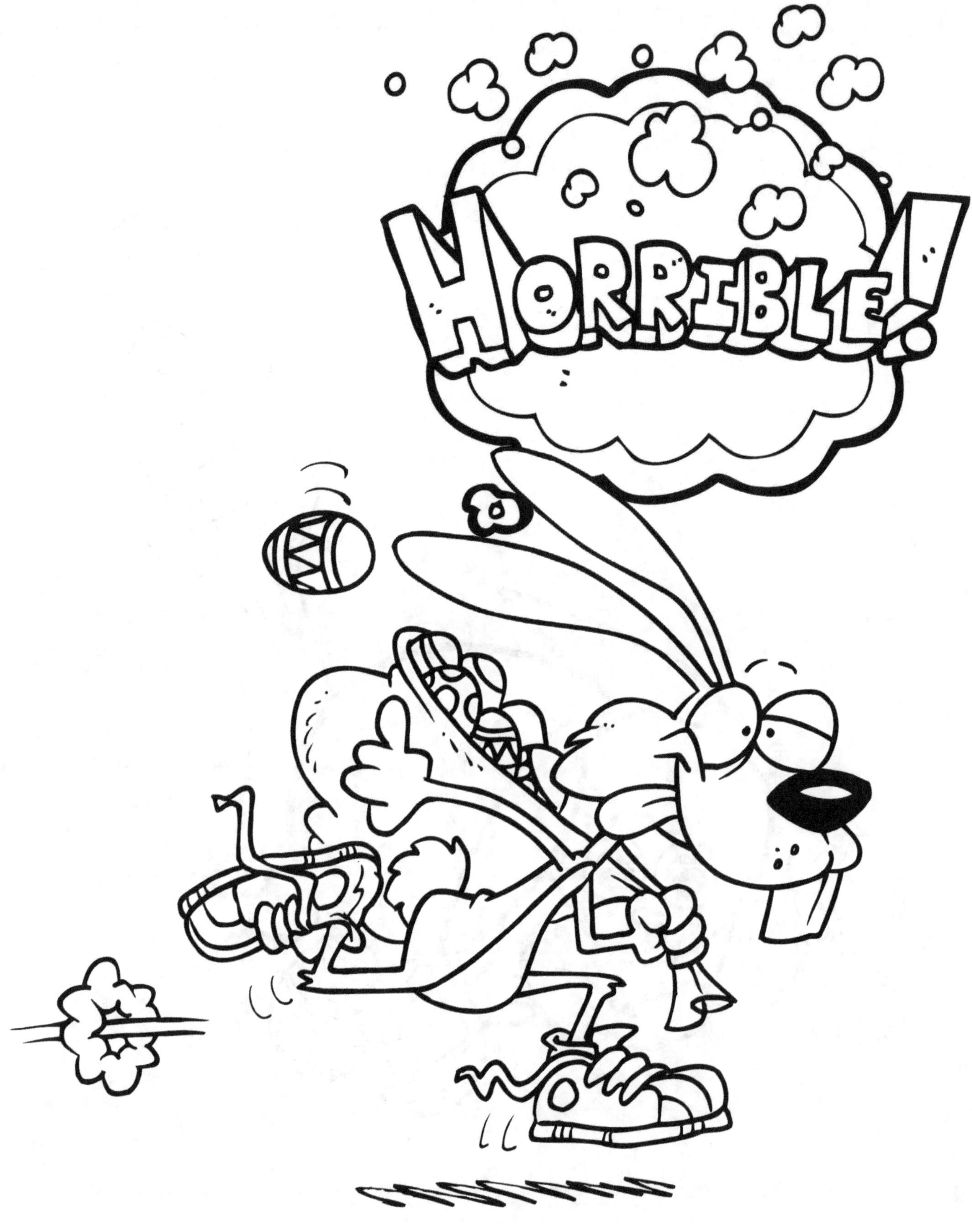
HORRIBLE!

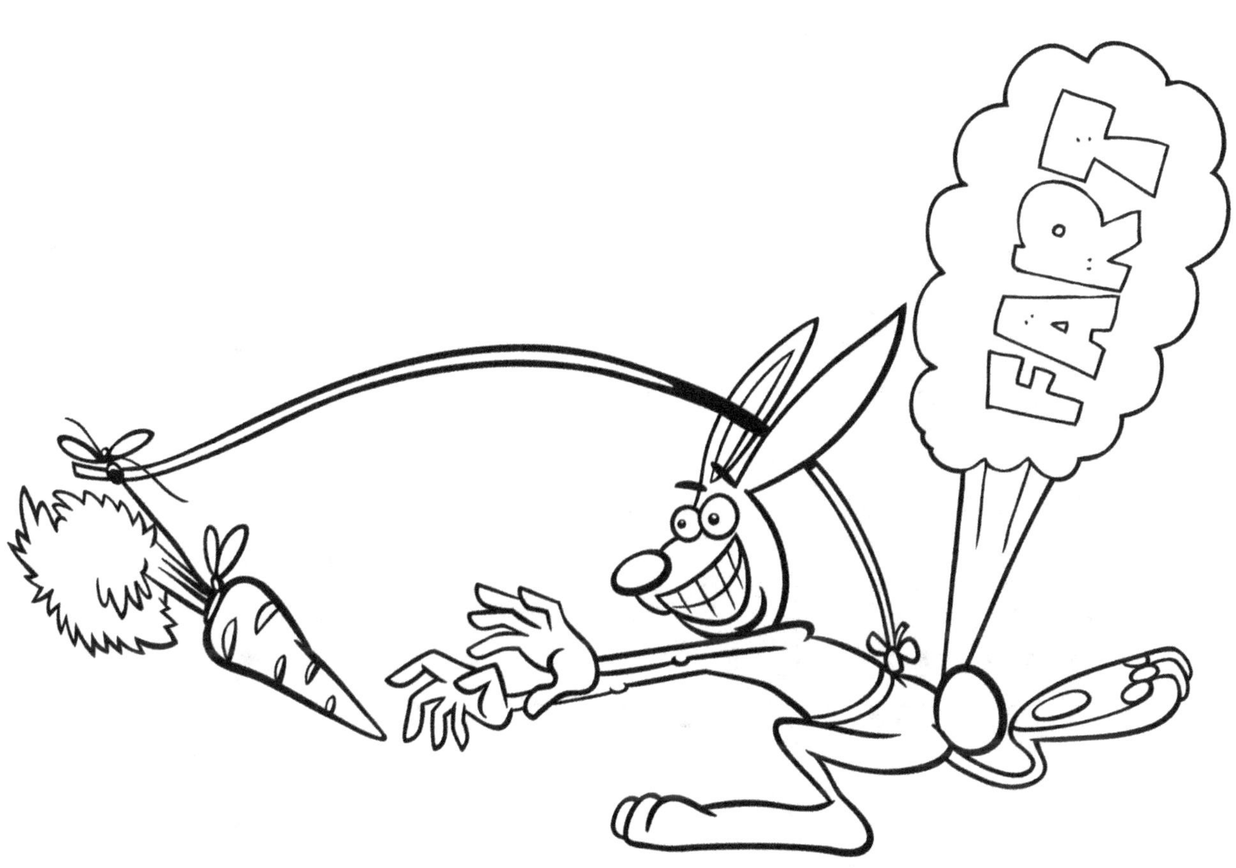

FART

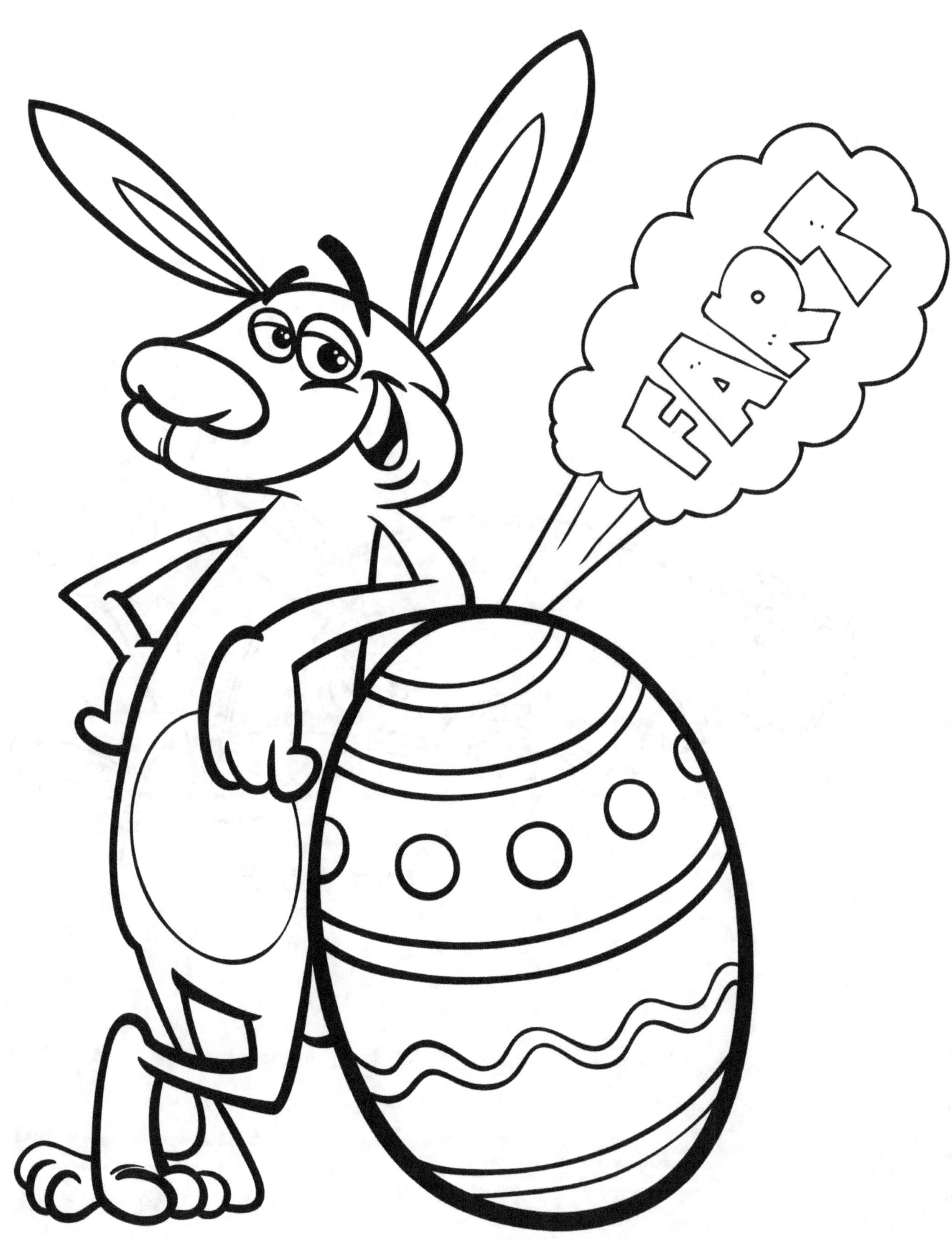

FART

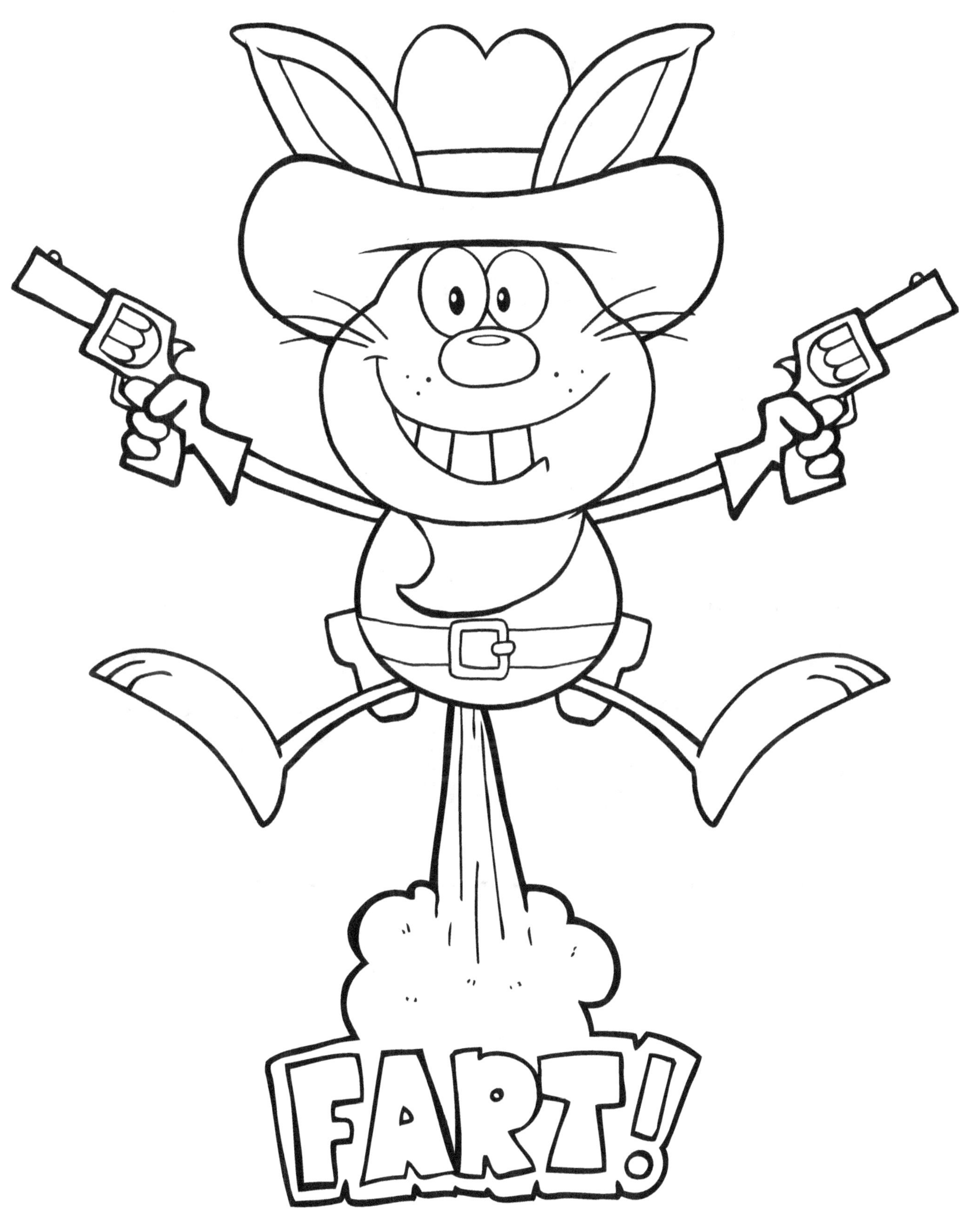

FART!

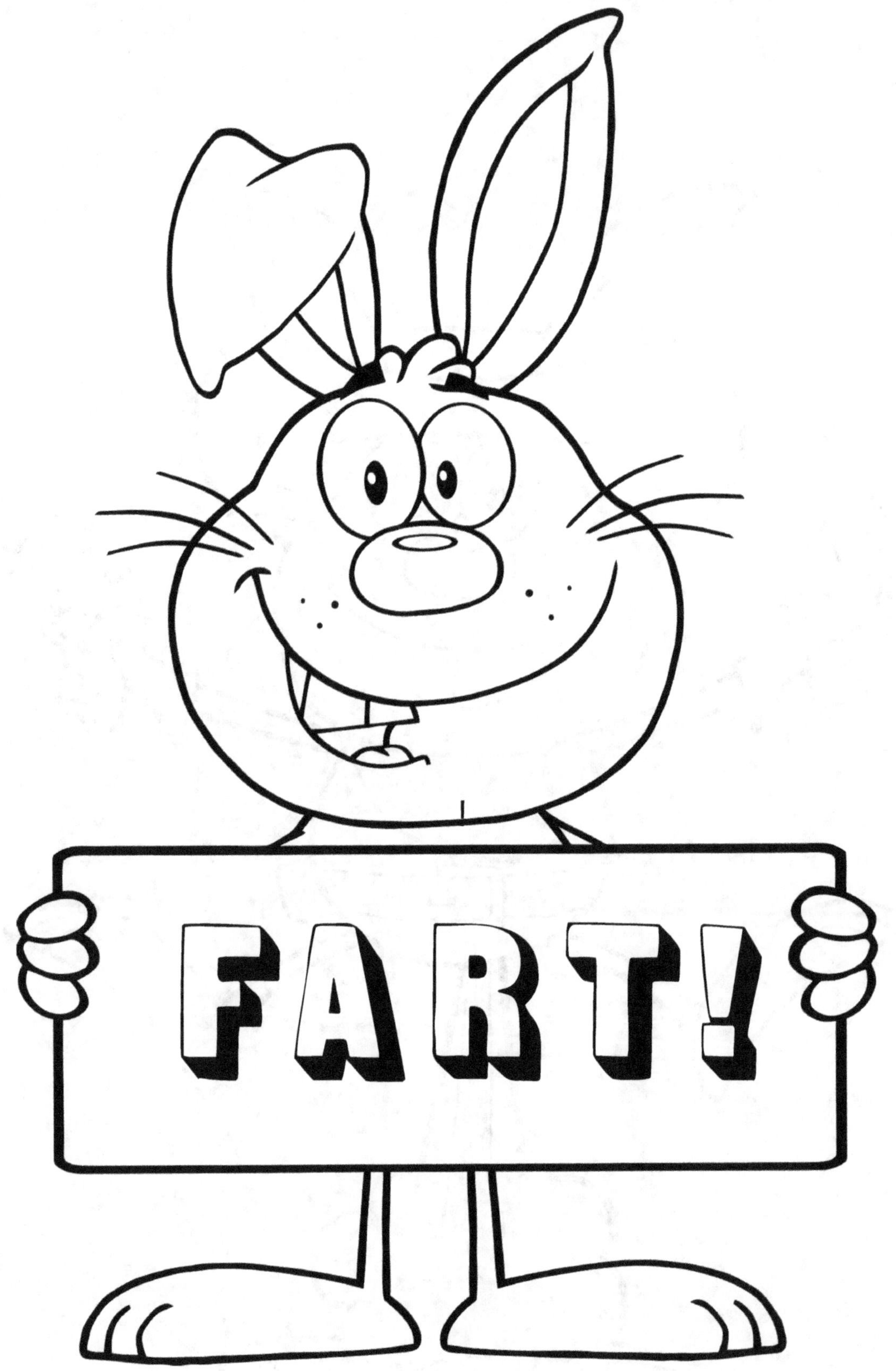
FART!

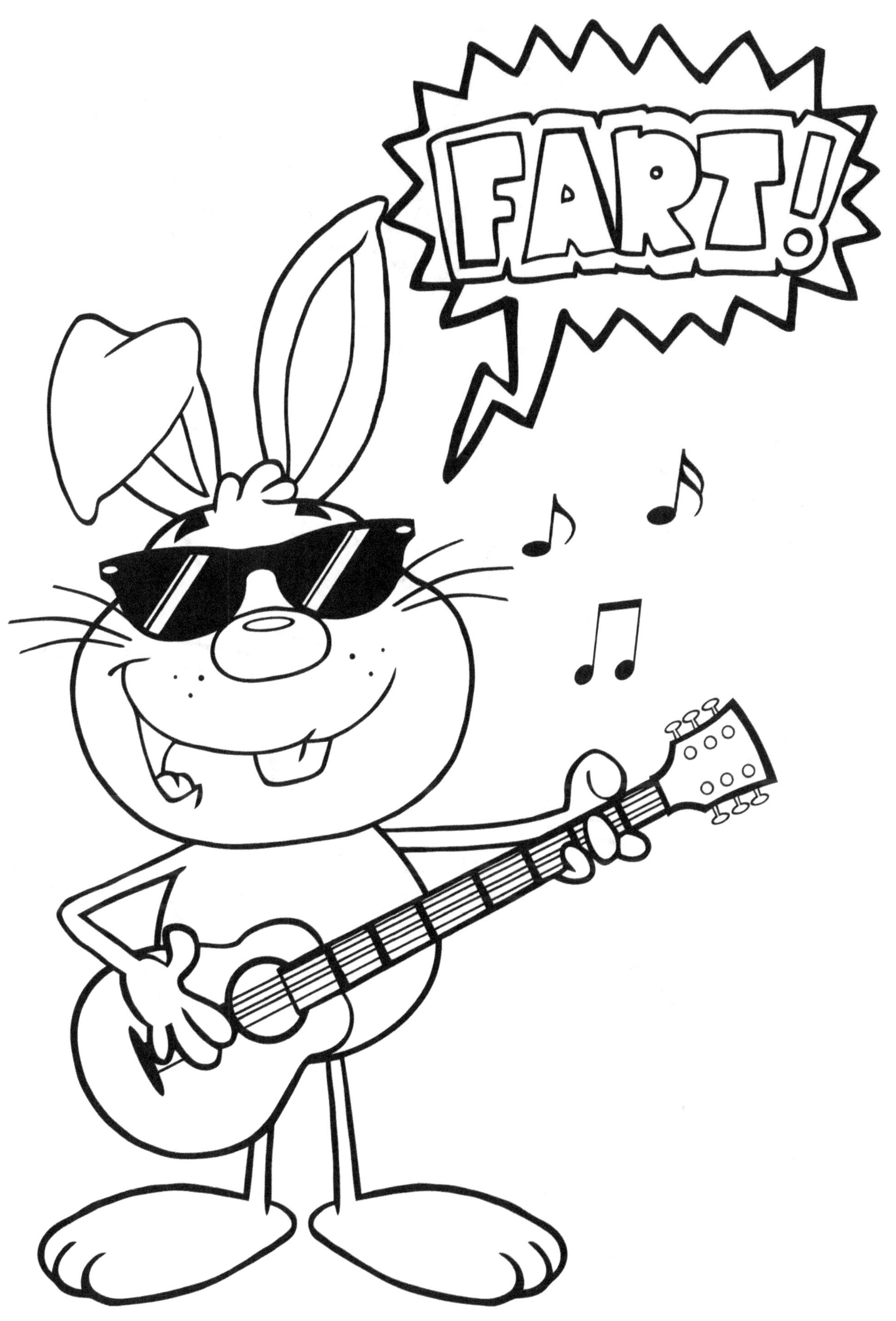

FART!

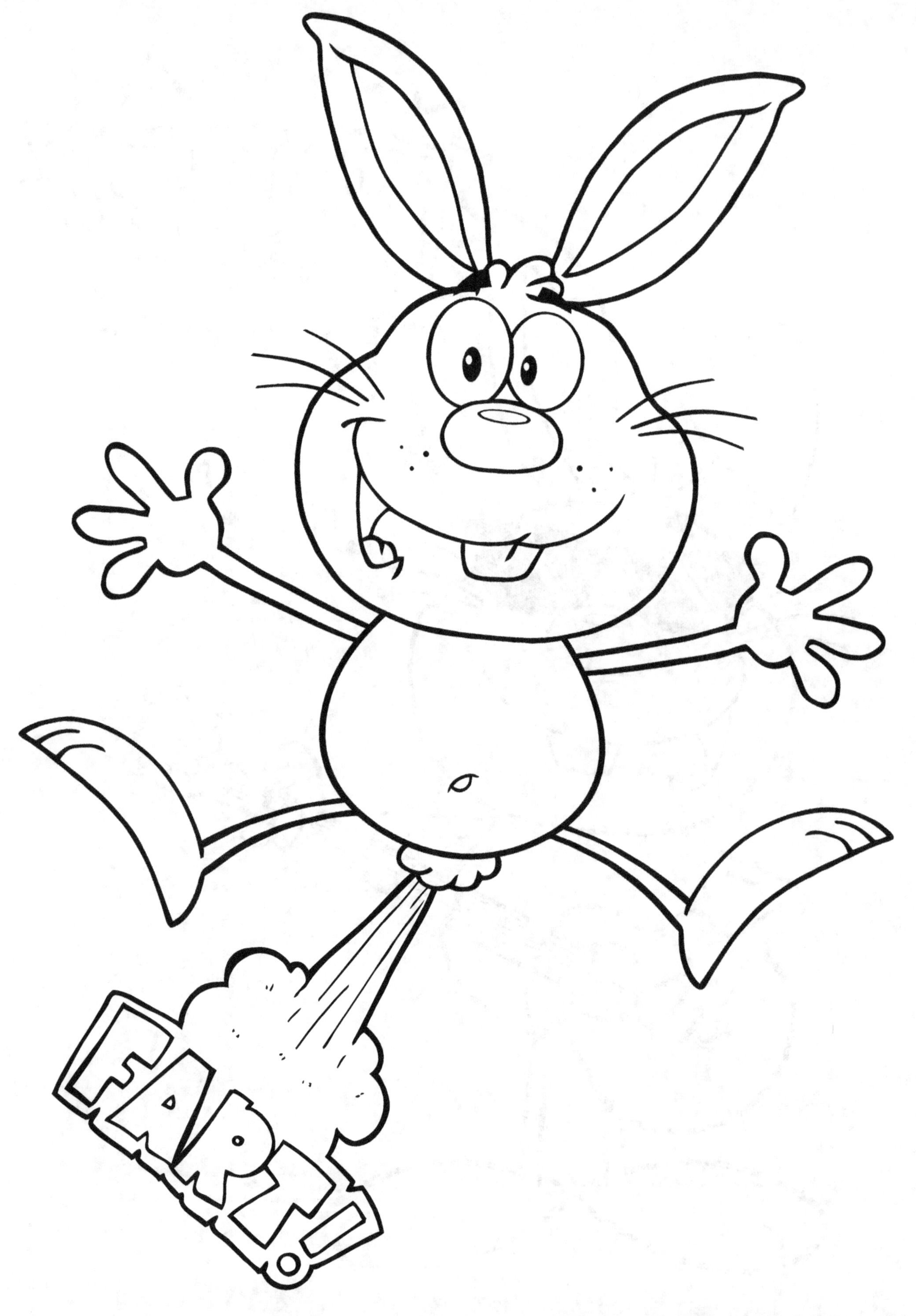

FART!

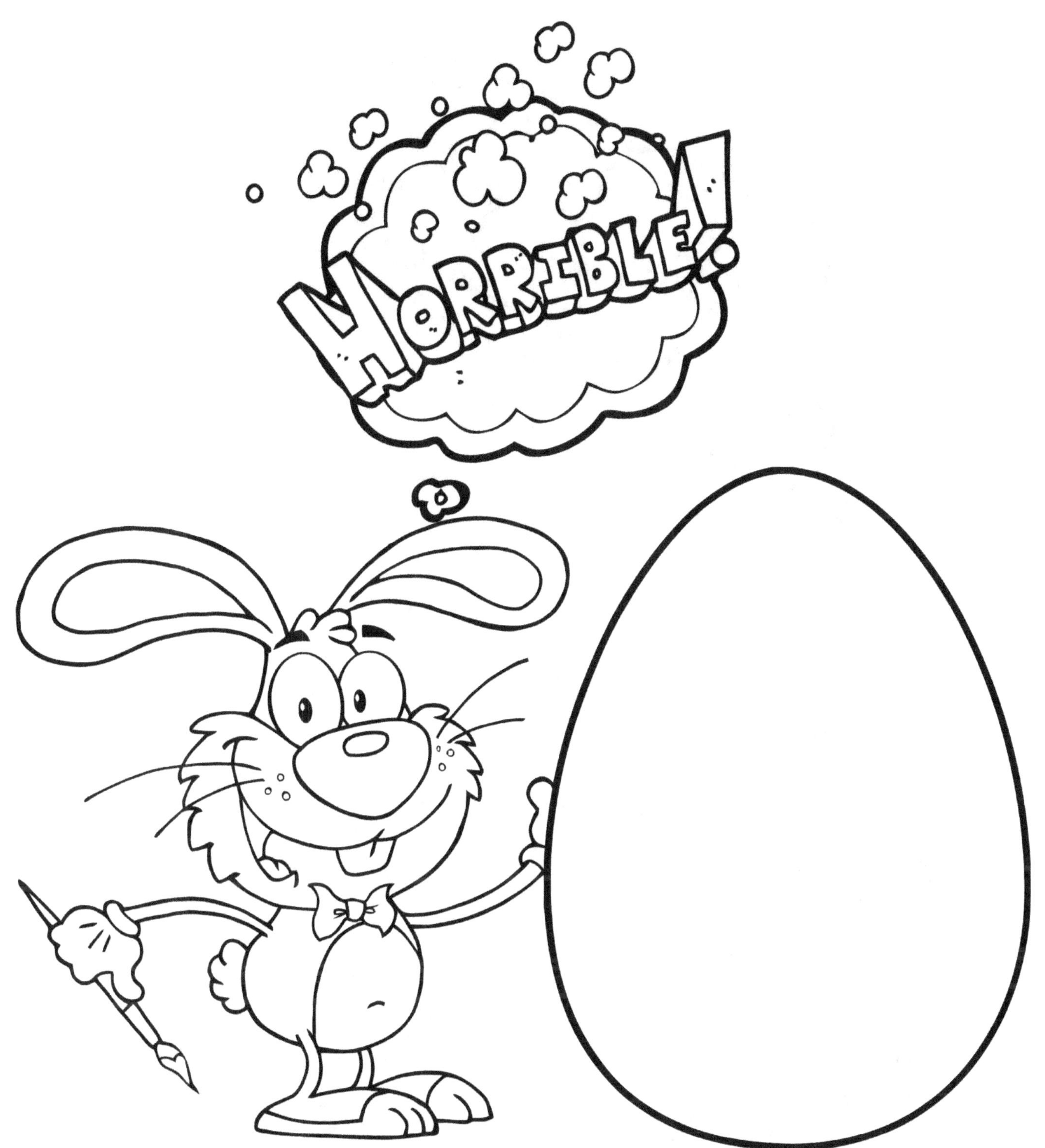

HORRIBLE!!

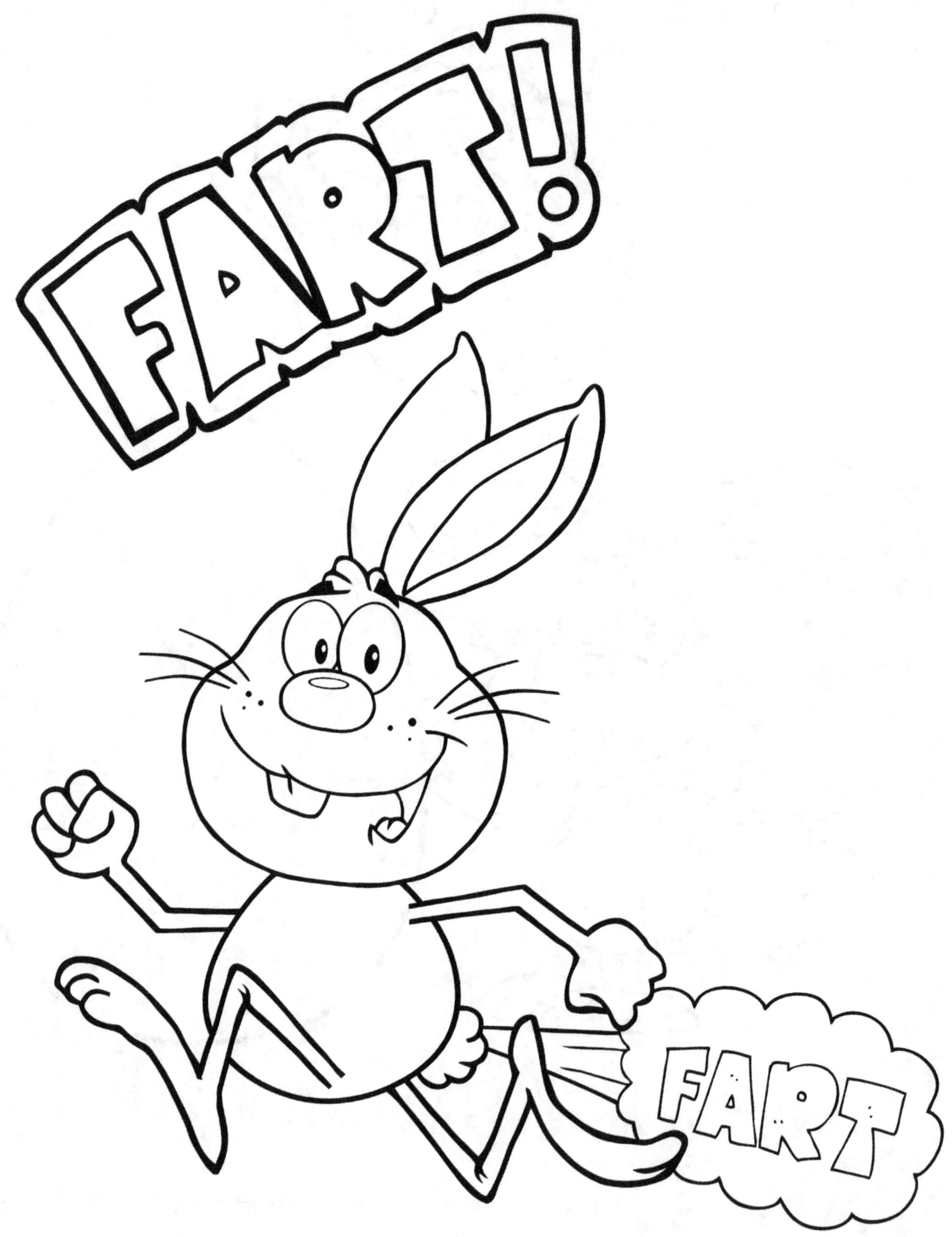
FART!
FART

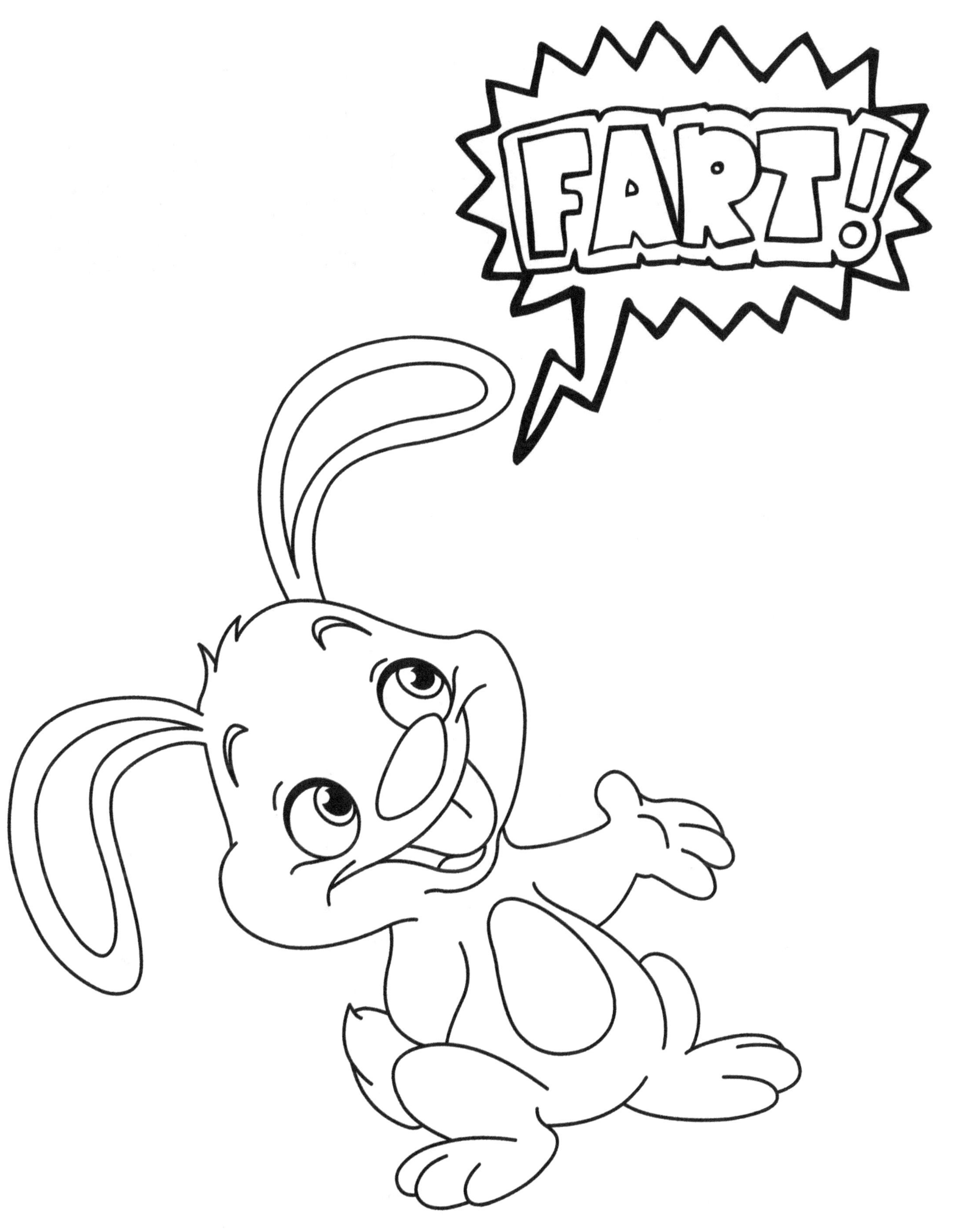
FART!

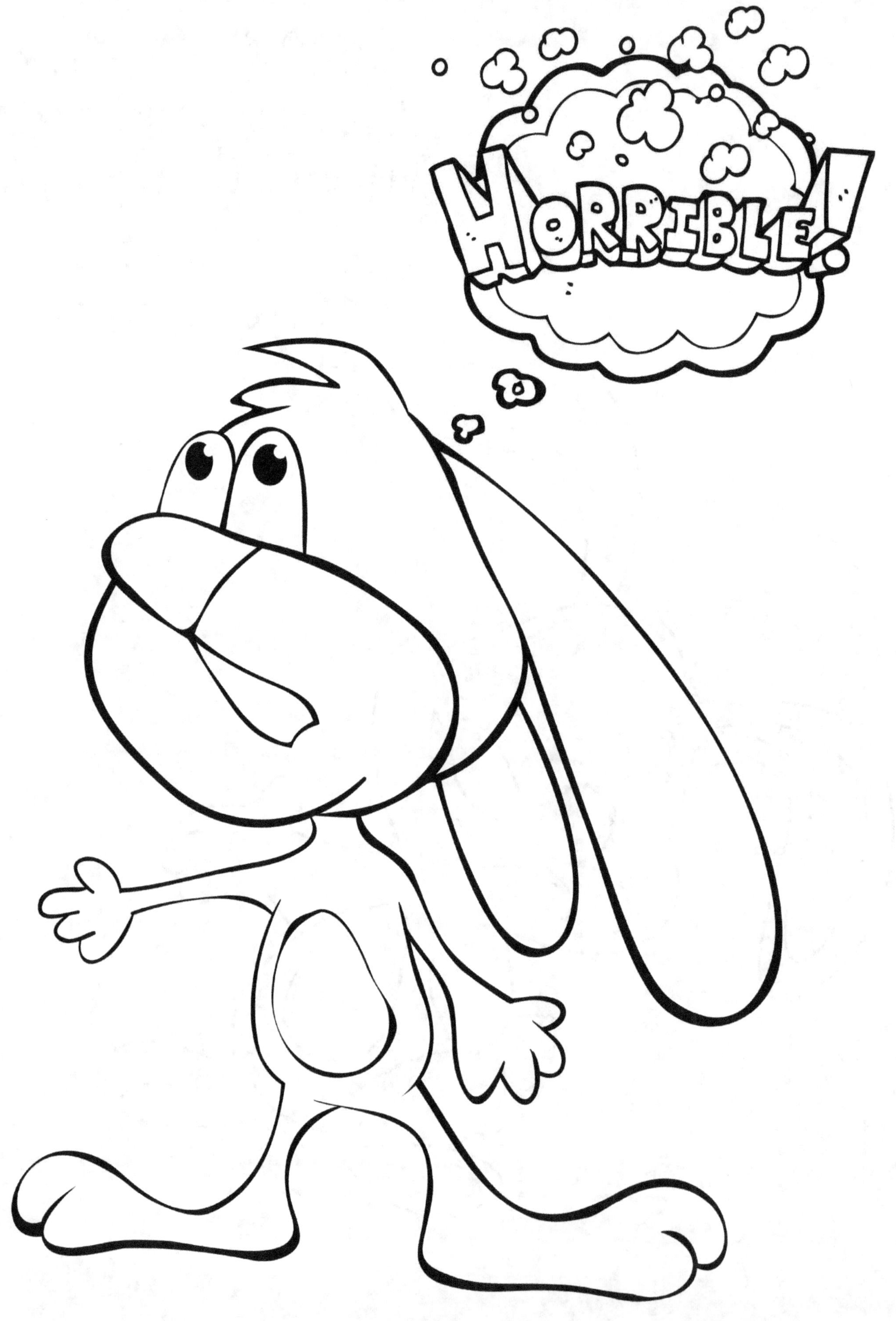

HORRIBLE!

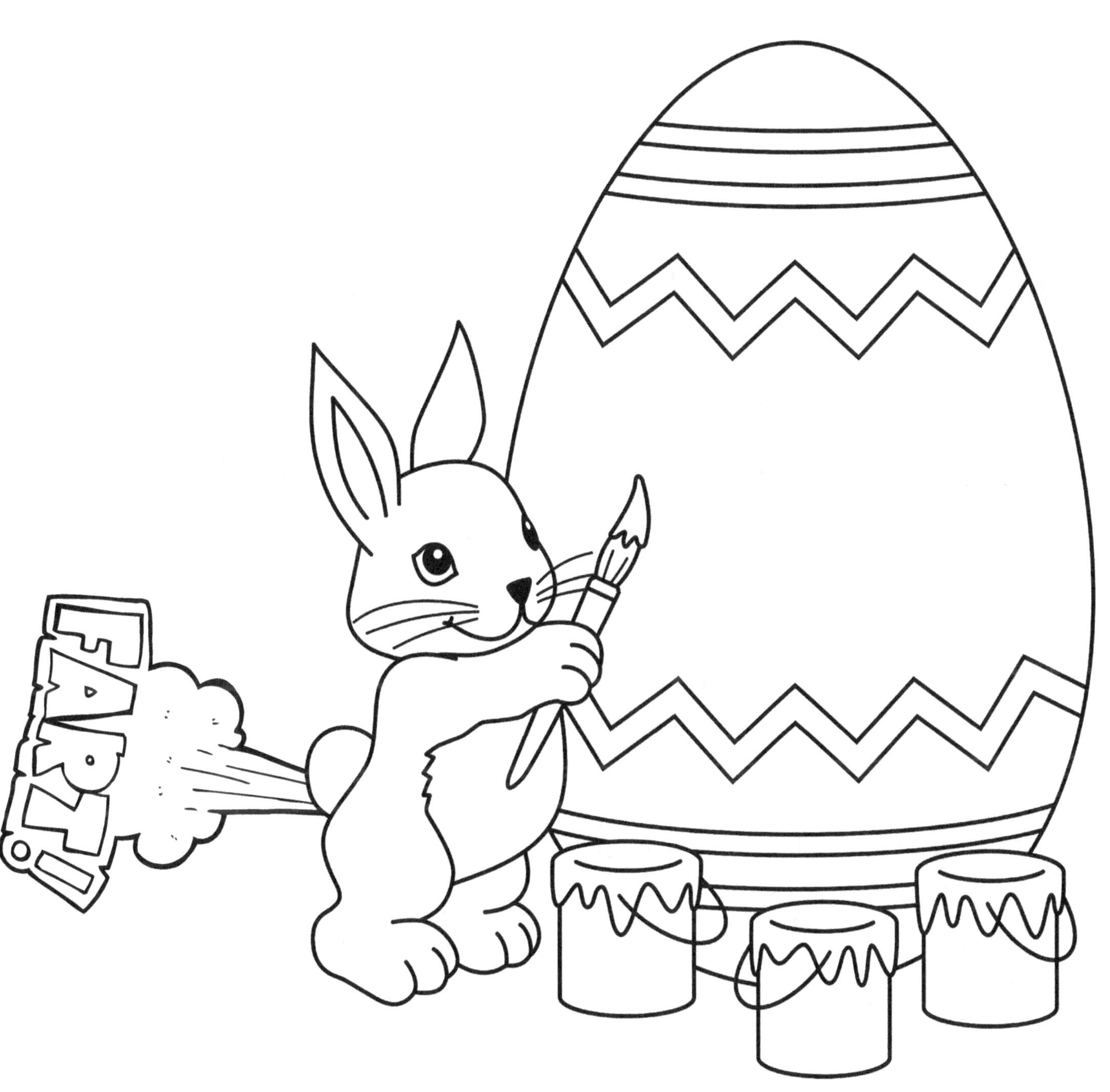

FART!

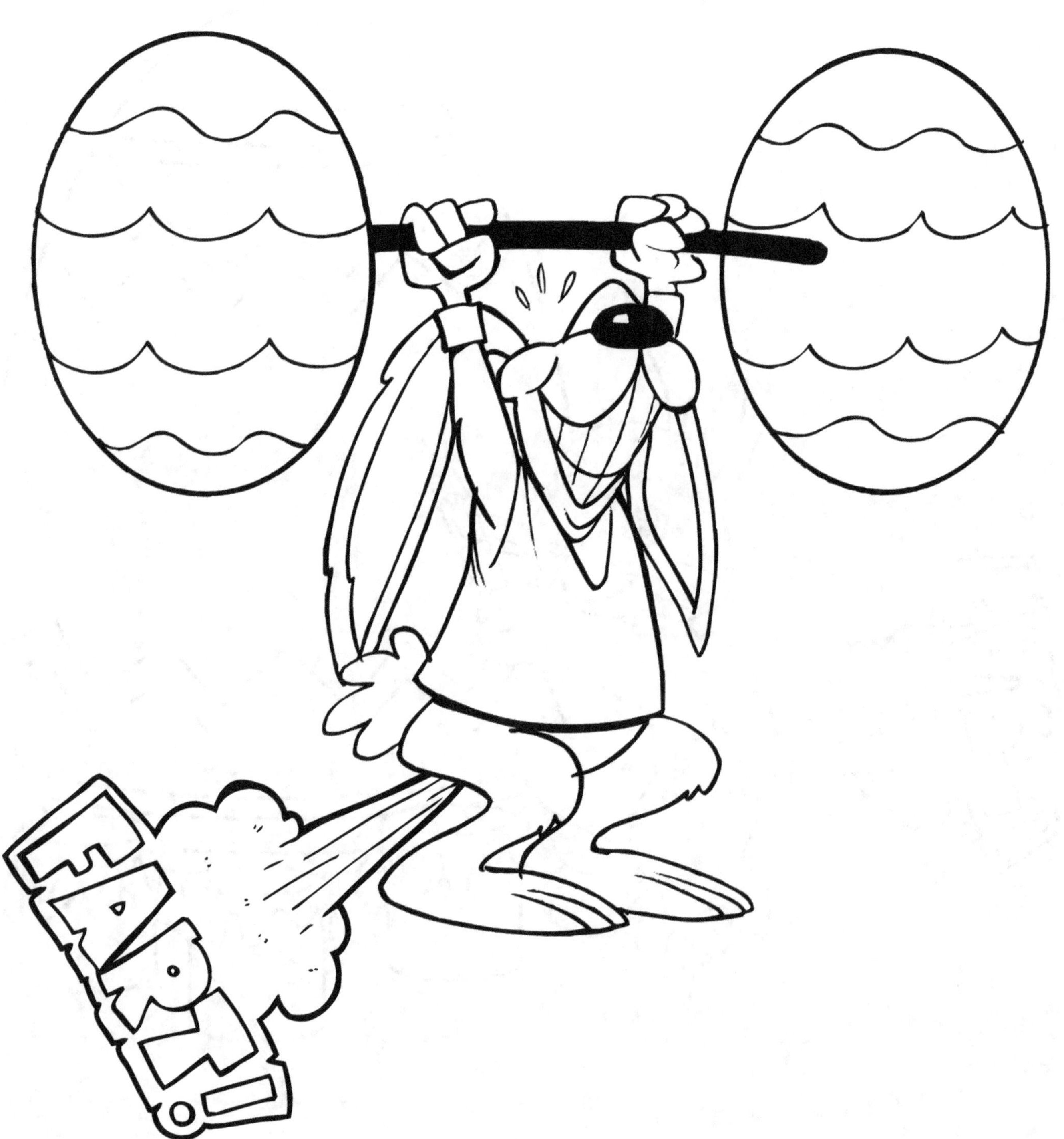
FART!

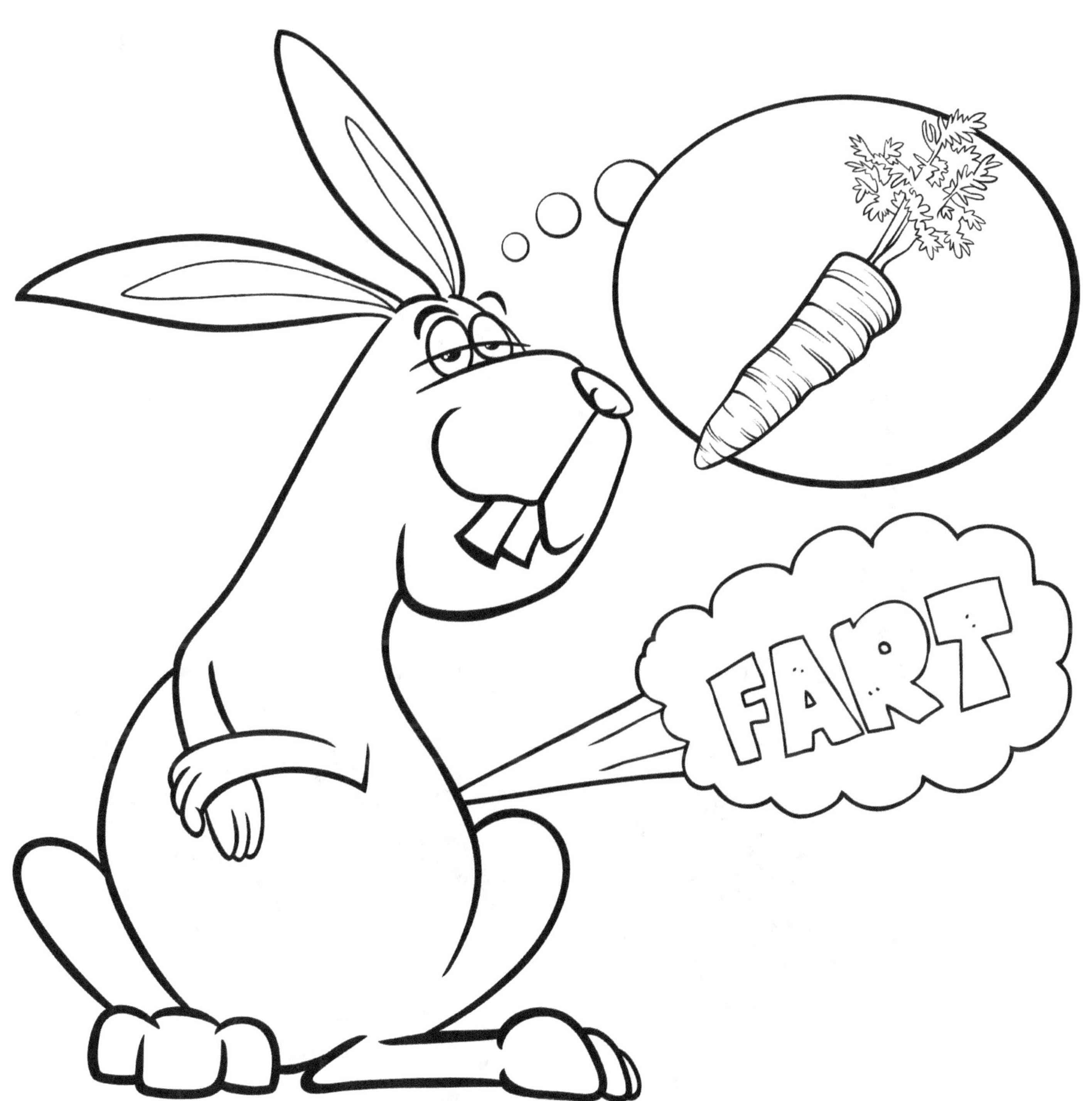

FART

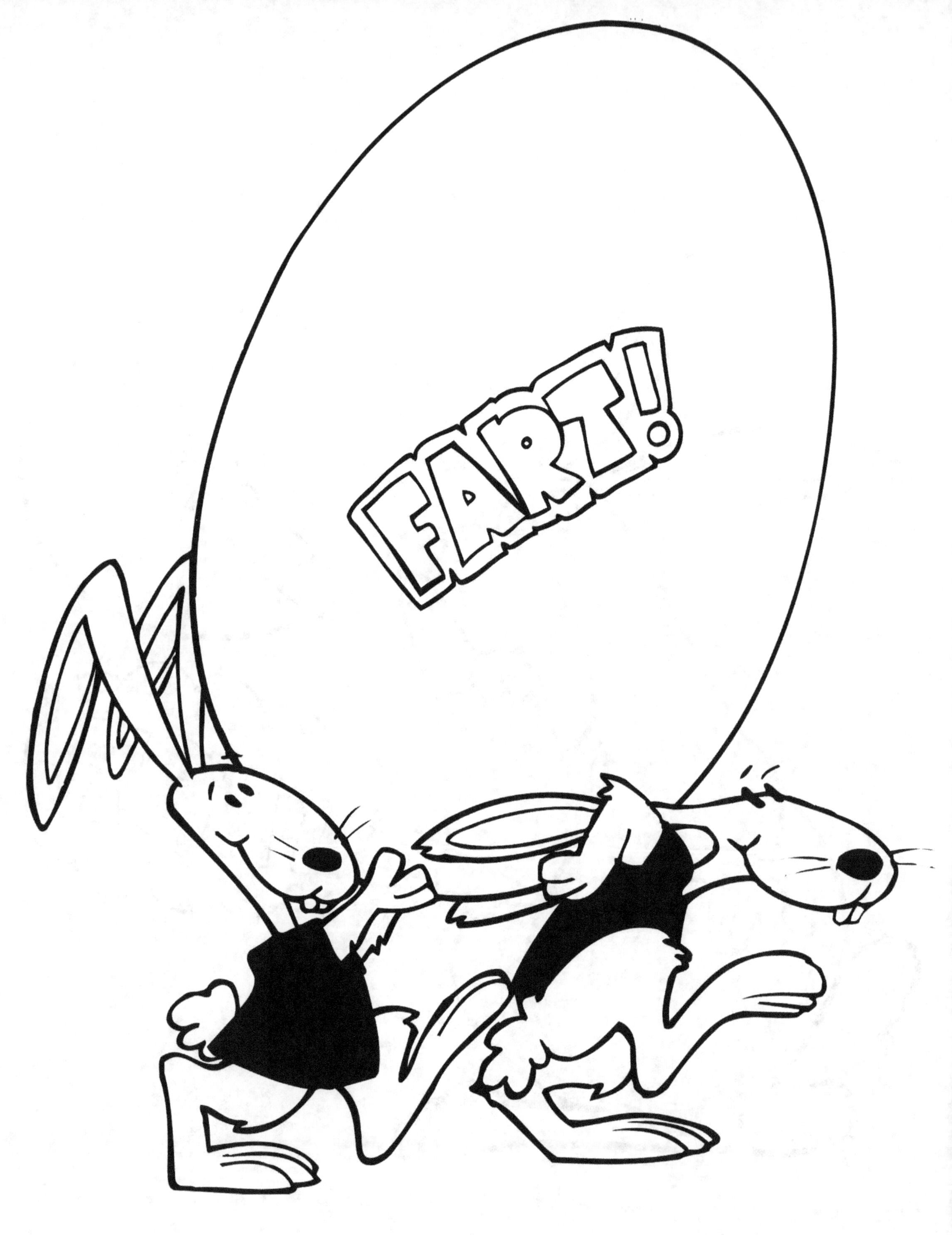

FART!

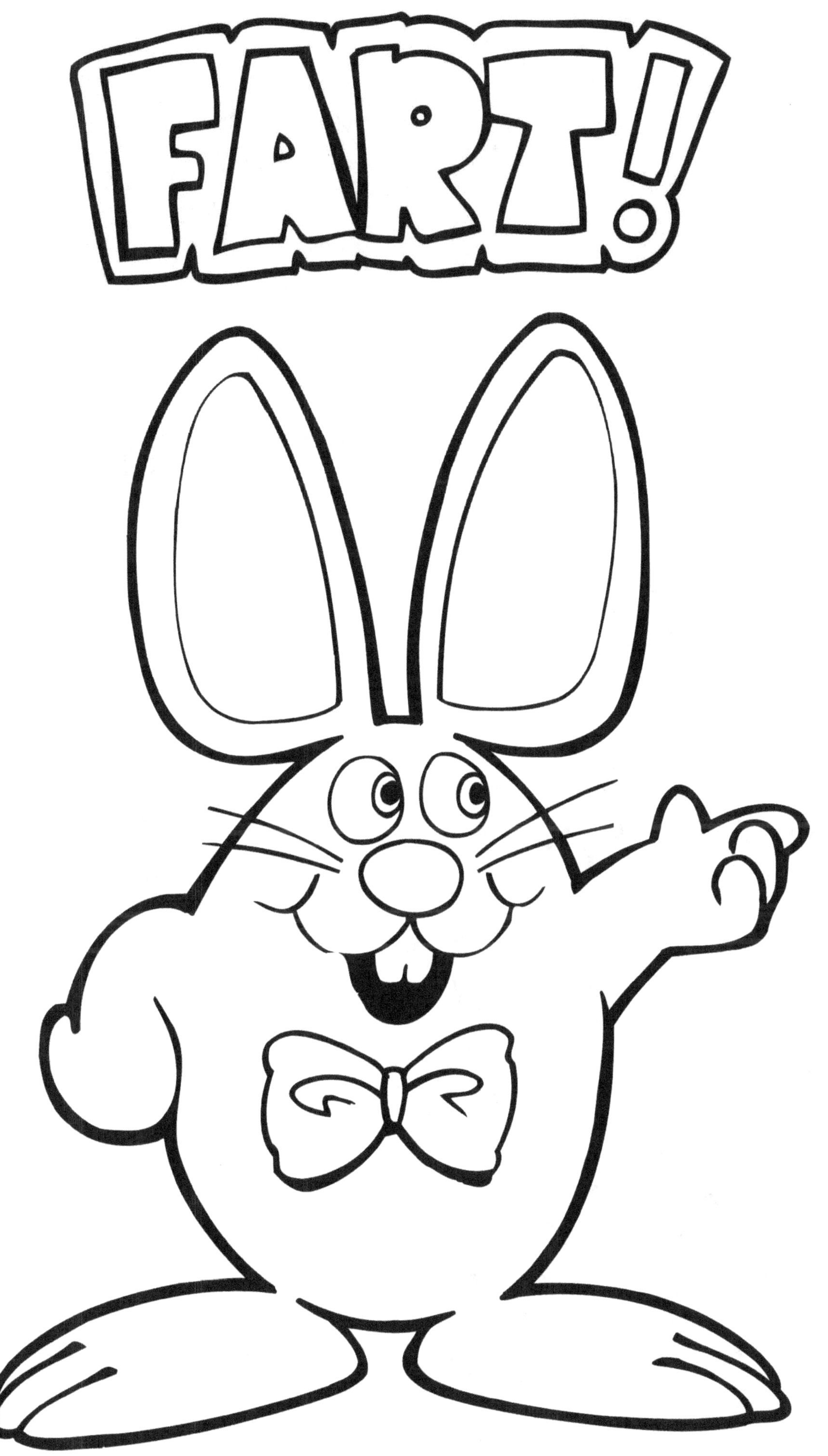

FART!

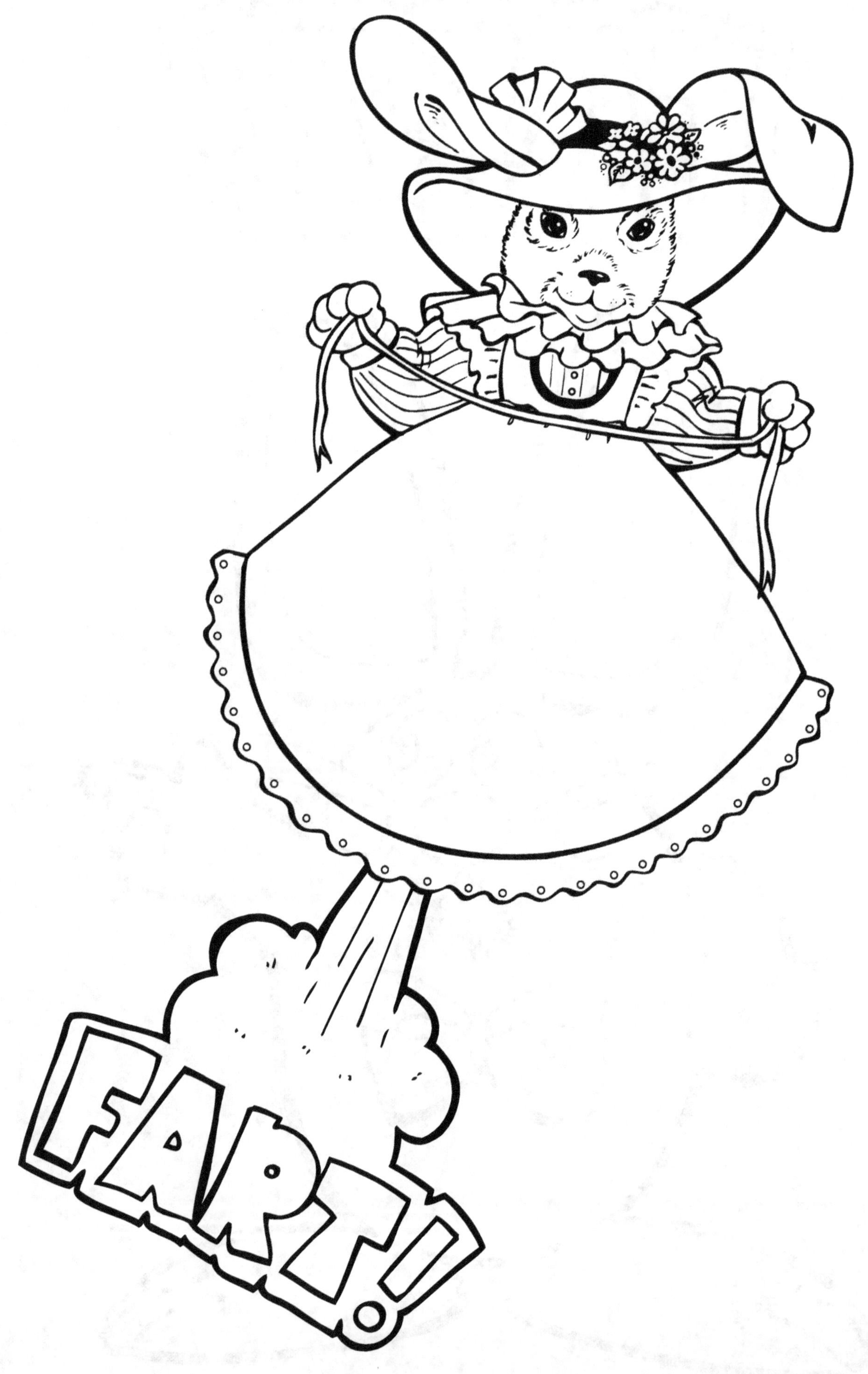
FART!

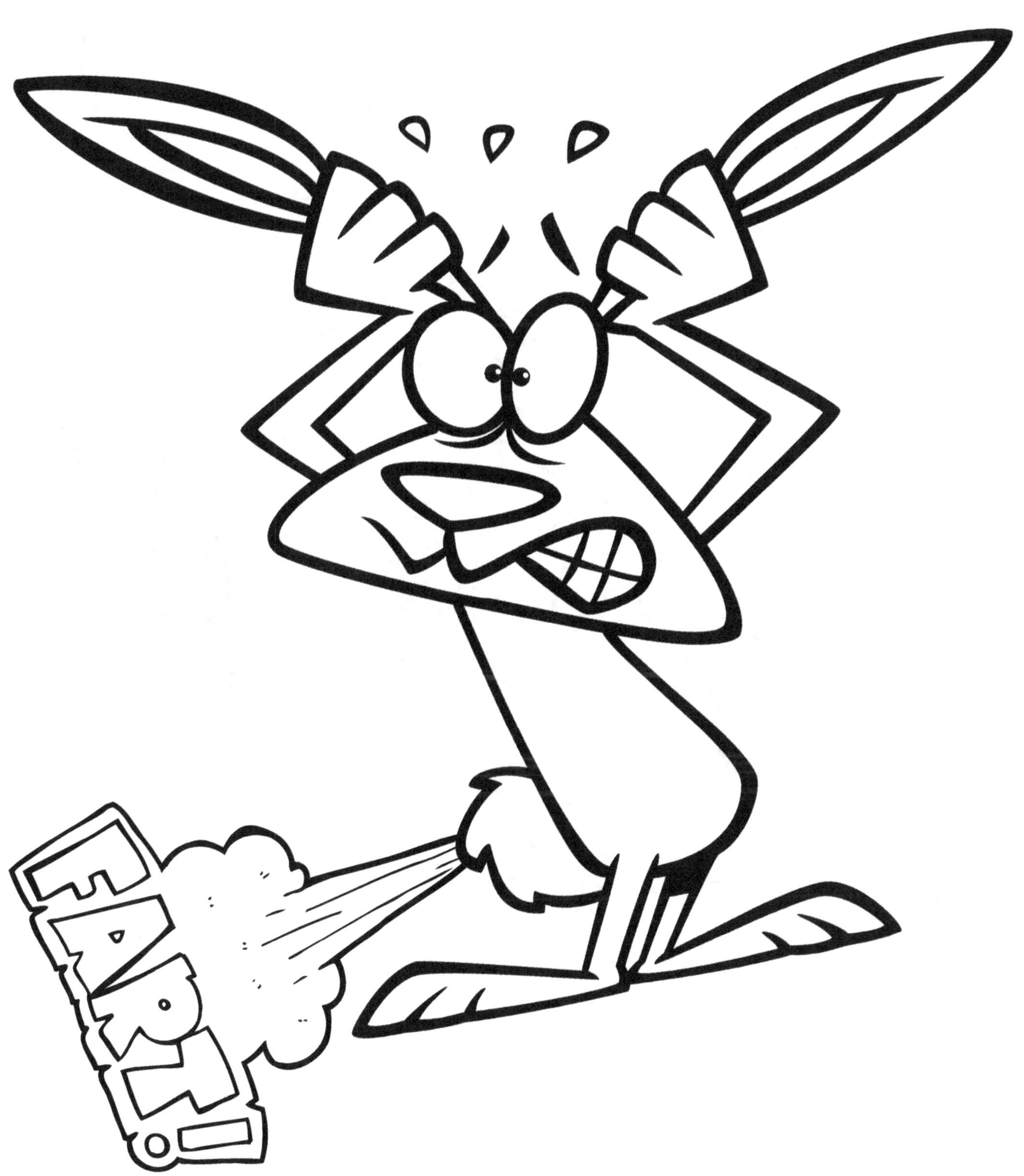

FART!

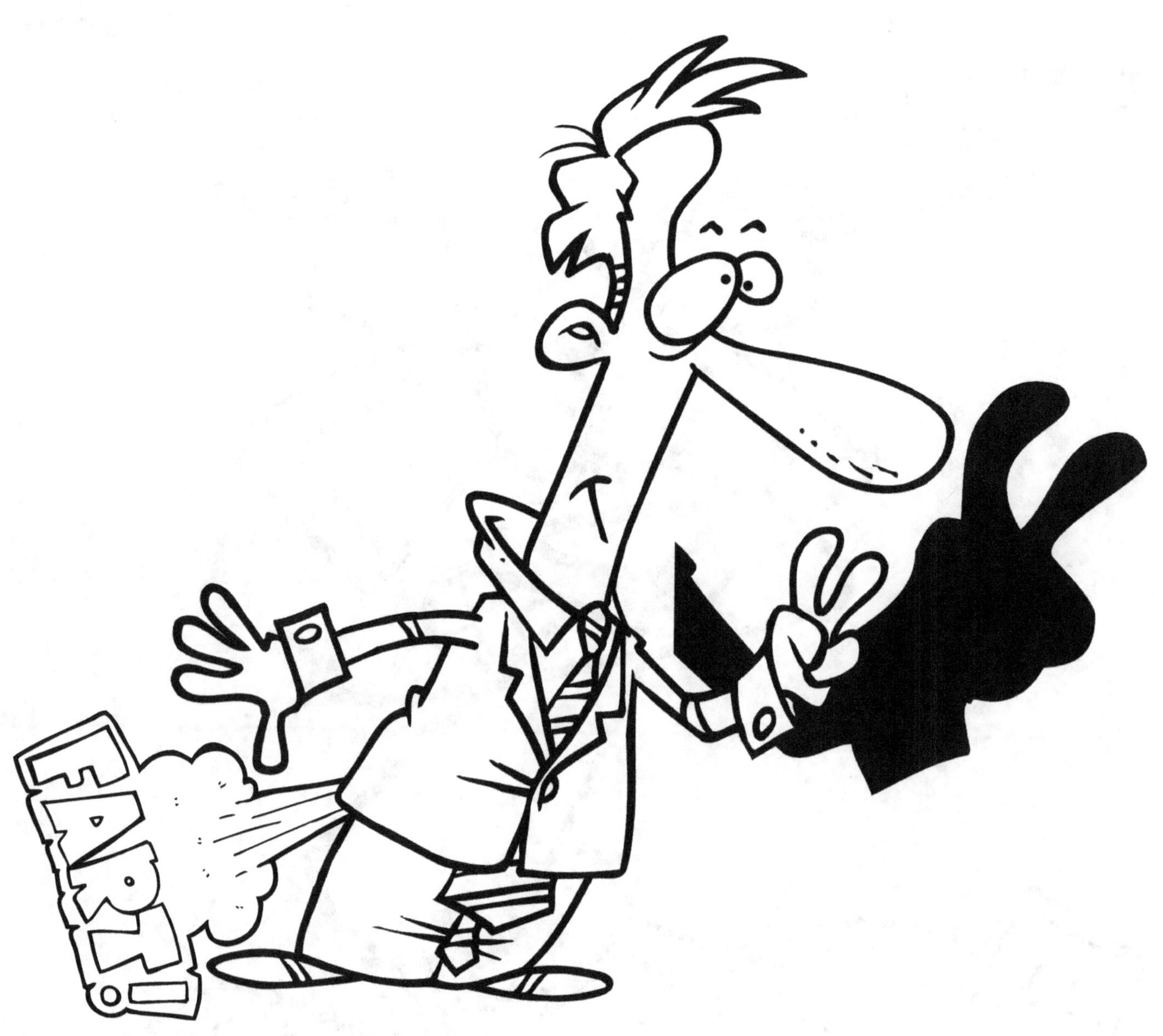

FART!

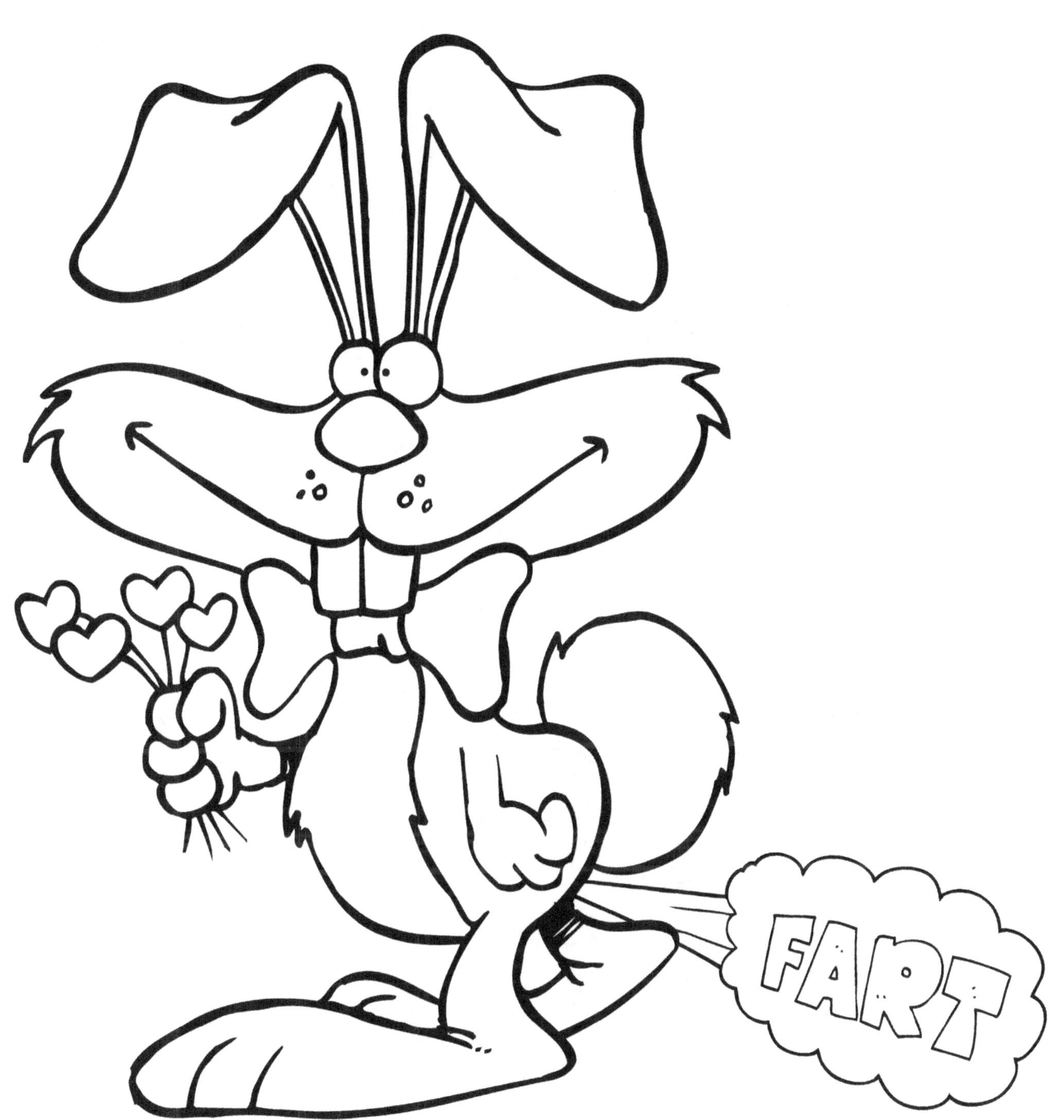
FART

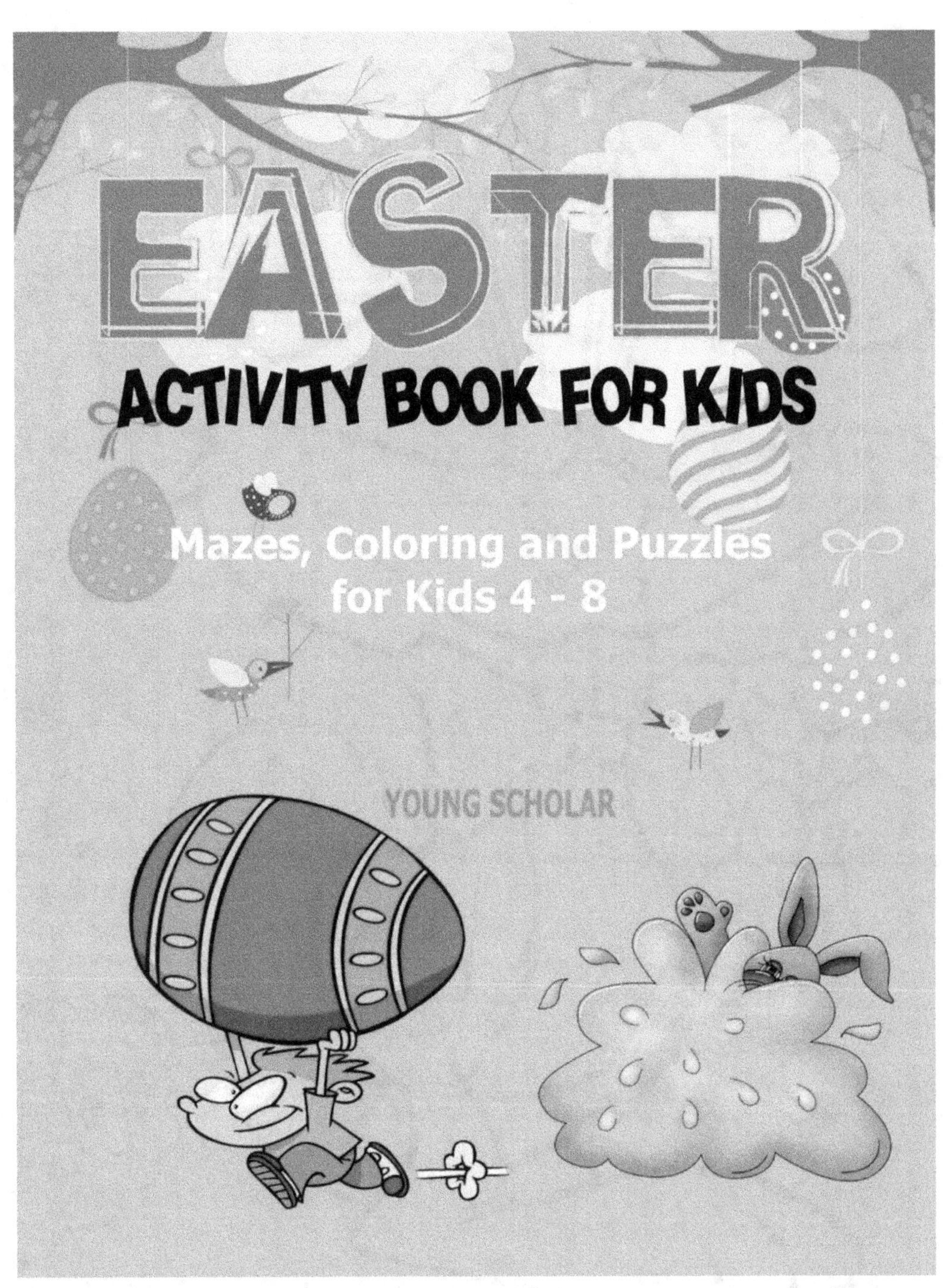

Easter Activity Book for Kids

Available at amazon.com